AF224435

5ᵐᵉ ÉDITION

LES

VINGT-CINQ APPARITIONS

DE

L'Archange Raphaël

AU LABOUREUR THOMAS-IGNACE MARTIN

DE GALLARDON EN BEAUCE

Dans les premiers mois de 1816

SUIVIES DE

L'ENTRETIEN DE MARTIN AVEC LE ROI

Écrit sous sa dictée en 1828

Il est bon de garder le secret du Roi,
mais il est honorable de révéler et de
publier les œuvres de Dieu.
(Paroles de l'Archange Raphaël.)
TOBIE, CH. XII, v. 7.

NIMES

IMPRIMERIE CRÉMIER-TEYSSIER

13, AVENUE FEUCHÈRES, 13.

1886.

DÉCLARATION

DE

THOMAS-IGNACE MARTIN

Je soussigné, déclare que les événements extraordinaires qui me sont arrivés depuis le 15 janvier 1816, sont fidèlement rapportés dans cette relation et qu'elle est la seule exacte, surtout pour ce qui a rapport au secret dit à Louis XVIII, secret qui est indiqué dans cette relation.

THOMAS MARTIN,
Habitant de Gallardon

Le 3 avril 1832.

NOTA. — Martin n'a révélé les secrets communiqués à Louis XVIII qu'après la mort de ce dernier.

LES
VINGT-CINQ APPARITIONS
DE
L'ARCHANGE RAPHAËL
AU LABOUREUR
THOMAS-IGNACE MARTIN

Le 15 janvier 1816, sur les deux heures et demie après midi, un petit laboureur du pays de Gallardon, à quatre lieues de Chartres, nommé Thomas-Ignace Martin (âgé de 33 ans et père de quatre enfants), était dans son champ occupé à étendre du fumier, en pays plat et terrain uni ; quand, sans avoir vu arriver personne, se présente devant lui un homme de cinq pieds un ou deux pouces, mince de corps, le visage effilé, délicat, très blanc ; vêtu d'une lévite ou redingote de couleur blonde, totalement fermée et pendante jusqu'aux pieds, ayant des souliers attachés avec des cordons et sur sa tête un chapeau rond à haute forme. Cet homme dit à Martin : « Il faut que vous alliez
» trouver le roi ; que vous lui disiez que sa per-
» sonne est en danger, ainsi que celle des princes ;
» que de mauvaises gens tentent encore de ren-
» verser le gouvernement ; que plusieurs écrits ou
» lettres ont déjà circulé dans quelques provinces
» de ses Etats à ce sujet ; qu'il faut qu'il fasse faire
» une police exacte et générale dans tous ses Etats,
» et surtout dans la capitale ; qu'il faut aussi qu'il
» relève le jour du Seigneur, afin qu'on le sanctifie ;
» que ce saint jour est méconnu par une grande
» partie de son peuple ; qu'il faut qu'il fasse cesser
» les travaux publics ces jours-là ; qu'il fasse
» ordonner des prières publiques pour la conver-
» sion du peuple ; qu'il abolisse et anéantisse tous
» les désordres qui se commettent dans les jours

» qui précèdent la sainte quarantaine : sinon la
» France tombera dans de nouveaux malheurs. Il
» faut que le roi en use envers son peuple comme
» un père envers son enfant, quand il mérite d'être
» châtié ; qu'il en punisse un petit nombre des
» plus coupables pour intimider les autres.

» Si le roi ne fait pas ce qui est dit, il sera fait
» un si grand trou à la couronne que cela la mettra
» tout auprès de sa ruine. »

Le personnage qui s'adressait à Martin, sem-
blait alors, en lui parlant, rester à la même place ;
mais il faisait des gestes analogues à ses paroles,
et le son de sa voix n'avait rien que de fort doux.

Martin, un peu surpris d'une apparition si
subite, lui répondit d'abord dans son langage :
« Mais vous pouvez bien en aller trouver d'autres
» que moi pour faire une commission comme
» ça. » — « Non, lui répliqua l'inconnu, c'est vous
» qui irez. » — « Mais, reprit Martin, puisque
» vous en savez si long, vous pouvez bien aller
» trouver vous-même le roi, et lui dire tout cela ;
» pourquoi vous adressez-vous à un pauvre
» homme comme moi qui ne sait s'expliquer ?...

— « Ce n'est pas moi qui irai, lui dit l'inconnu,
» ce sera vous ; faites attention à ce que je vous
» dis, et vous ferez tout ce que je vous comman-
» de. »

Après ces paroles, Martin le vit disparaître à
peu près de cette sorte : ses pieds parurent s'élever
de terre, sa tête s'abaisser, et son corps en se
rapetissant, finit par s'évanouir à la hauteur de
la ceinture, comme s'il eut fondu en l'air. Martin
plus effrayé de cette manière de disparaître, que
de l'apparition subite, voulut s'en aller, mais il
ne le put ; il resta comme malgré lui, et s'étant
remis à l'ouvrage, sa tâche qui devait durer deux
heures et demie, ne dura qu'une heure et demie,
ce qui redoubla son étonnement.

De retour à Gallardon, Martin fit part aussitôt

à son frère Jacques de ce qui venait de lui arriver, et tous deux vinrent trouver M. le Curé, pour savoir ce que voulait dire un événement aussi singulier. M. le Curé essaya de les rassurer en rejetant sur l'imagination de Martin, tout ce qu'il venait de lui raconter. Il lui dit de continuer ses travaux comme à l'ordinaire, de manger, boire et bien dormir ; mais il ne put guère le dissuader, et Martin assurait toujours qu'il savait fort bien ce qui en était.

Le 18 janvier, sur les six heures du soir, Martin était descendu dans sa cave pour chercher des pommes à cuire, la même personne lui apparut debout, à côté de lui, pendant qu'il était à genoux à en ramasser : Martin, épouvanté laisse là sa chandelle et se heurte rudement une jambe dans sa fuite.

Le samedi, 20 janvier, Martin était sorti sur les cinq heures du soir. pour aller dans une foulerie (endroit où on fait le vin) prendre du fourrage pour ses chevaux ; au moment où il était prêt d'entrer dans ce lieu, l'inconnu s'offrit devant lui sur le seuil de la porte : Martin, l'apercevant, s'enfuit à l'instant même.

Le dimanche suivant, 21 janvier, Martin entrait dans l'église, à l'heure de vêpres ; comme il prenait de l'eau bénite, il aperçut l'inconnu qui en prenait aussi, et qui le suivit jusqu'à son banc, ayant l'air très recueilli durant toutes les vêpres et le chapelet. Pendant le temps de l'office l'inconnu n'avait point de chapeau ni sur sa tête, ni dans ses mains. Etant sorti avec Martin, celui-ci l'aperçut ayant son chapeau sur sa tête, et il suivit Martin jusqu'à sa maison. Comme il était entré sous la porte charretière, l'inconnu qui jusque-là avait marché à ses côtés se trouva tout à coup devant lui face à face et lui dit : « Acquittez-
» vous de votre commission et faites ce que je
» vous dis. Vous ne serez pas tranquille tant que

» votre commission ne sera pas faite. » A peine eut-il prononcé ces paroles qu'il disparut sans que Martin, ni cette fois, ni aux apparitions suivantes, l'ait vu s'évanouir de la même manière que la première fois. Martin demanda aux personnes de sa famille qui étaient venues à vêpres avec lui si elles n'avaient rien vu ou entendu de ce qui s'était passé à côté de lui. Toutes affirmèrent qu'elles n'avaient rien vu ni entendu.

Le 24 janvier au retour de la messe, Martin monta dans son grenier chercher du blé pour le marché ; en ce moment l'inconnu lui dit d'un ton ferme : « Fais ce que je te commande, il est temps. » C'est la seule fois que celui dont il ignorait le nom l'ait tutoyé.

Le mardi 30 janvier, l'inconnu apparut de nouveau à Martin, et lui dit : « Votre commission est
» bien commencée, mais celui qui l'a entre les
» mains ne s'en occupe pas ; j'étais présent, quoi-
» que invisible, quand vous avez fait votre décla-
» ration. Il vous a été dit de me demander mon
» nom et de quelle part je venais ; mon nom res-
» tera inconnu ; je viens de la part de Celui qui
» m'a envoyé et Celui qui m'a envoyé est au-des-
» sus de moi (*en montrant le ciel*). » Martin répliqua : « Comment vous adressez-vous toujours
» à moi pour une commission comme celle-là, moi
» qui ne suis qu'un paysan ? Il y a tant de gens
» d'esprit ! » — « C'est pour abattre l'orgueil, ré-
» pondit l'inconnu (*avec un geste de la main vers
» la terre*) ; pour vous, ajouta-t-il, il ne faut pas
» prendre d'orgueil de ce que vous avez vu et
» entendu ; pratiquez la vertu, assistez à tous les
» offices qui se font à votre paroisse, les diman-
» ches et fêtes, évitez les cabarets et les mauvai-
» ses compagnies où se commettent toutes sortes
» d'impuretés et où se tiennent toutes sortes de
» mauvais discours. » Il lui dit aussi : « Ne faites
» aucuns charrois les jours de dimanche et de
» fête. »

Durant le mois de février, l'inconnu apparut encore différentes fois à Martin; il lui dit un jour : « Mon ami, on met bien de la lenteur dans
» ce que j'ai commandé, voilà pourtant le temps
» de la pénitence et de la réconciliation qui ap-
» proche. Il ne faut pas croire que c'est par la
» volonté des hommes que l'usurpateur est venu
» l'an passé : c'était pour châtier la France...
» Toute la Famille Royale avait fait des prières
» pour rentrer dans sa légitime possession ; mais
» une fois revenue, elle a, pour ainsi dire, tout
» oublié. Après le second exil, elle a encore fait
» des vœux et des prières pour recouvrer ses
» droits, mais elle retombe dans le même pen-
» chant. » — « Comment donc, répondit Martin,
» venez-vous me tourmenter pour une affaire
» comme ça ? » L'inconnu répliqua : « Persistez,
» ô mon ami! et vous parviendrez ! » Une autre
» fois il lui dit en le pressant de faire sa commission : « Vous paraîtrez devant l'incrédulité et vous
» la confondrez ; j'ai encore autre chose à vous
» dire qui les convaincra, et ils n'auront rien à
» répondre. » Il l'invita encore un jour par ces
paroles : « Pressez votre commission, on ne fait
» rien de tout ce que je vous ai dit ; ceux qui ont
» l'affaire en main sont enivrés d'orgueil; la
» France est dans un état de délire ; elle sera li-
» vrée a toutes sortes de malheurs. » Dans une
» autre apparition il lui fit cette annonce; « Si
» on ne fait pas ce que j'ai dit, la majeure partie
» du peuple périra, la France sera en proie et en
» opprobe à toutes les nations Vous leur annon-
» cerez aussi en quel temps la France pourra
» rentrer en paix. Ces choses, je vous les dirai
» quand il en sera temps. » Enfin un autre jour
l'inconnu dit de nouveau à Martin : « Vous irez
» trouver le roi, vous lui direz ce que je vous ai
» annoncé, il pourra admettre avec lui son frère
» et ses fils. » En même temps il l'avertit qu'il

serait conduit devant le roi, qu'il lui découvrirait des choses secrètes du temps de son exil, mais que la connaissance ne lui en serait donnée qu'au moment où il serait introduit en sa présence.

Martin avait formé le projet de partir loin et seul, l'inconnu lui apparut et lui dit : « Vous aviez » formé le projet de partir ; mais vous n'auriez » pas été loin. Il faut que vous fassiez ce qui vous » est annoncé. »

Le samedi, 24 février, Martin était à labourer, l'inconnu se présenta et lui dit : « Allez trouver » votre pasteur et pressez votre affaire. »

Cependant, Martin restait à son ouvrage ; moins d'une heure après l'inconnu lui apparut de nouveau et lui dit : « Dételez et partez pour vous » acquitter de ce qui vous est commandé. » Il détela aussitôt ses chevaux, retourna à sa maison et vint de suite chez M. le Curé avec son frère.

Le 2 mars, nouvelle apparition : « Allez, dit » l'inconnu à Martin, vous acquitter de votre » commission ; que votre pasteur aille à Chartres, » qu'il fasse assembler le conseil eccclésiastique ; » qu'il soit nommé une députation qui se rendra » auprés du supérieur. Il la multipliera et saura » où l'envoyer. Si l'on veut encore résister à ces » choses, vous leur annoncerez la prochaine des- » truction de la France : il arrivera le plus terrible » des fléaux qui rendra le peuple de France en » horreur à toutes les nations. »

Martin est mandé à Chartres par le préfet.

Le 5 mars à cinq heures du soir, l'inconnu apparut et lui dit : « Vous allez bientôt paraître devant » le premier magistrat de votre arrondissement ; » il faut que vous rapportiez les choses comme elles » vous sont annoncées ; il ne faut pas avoir égard » ni à la qualité ni à la dignité. »

Après un entretien avec le Préfet, Martin est envoyé à Paris près du Ministre. Avant d'entrer chez le Ministre, l'inconnu se présenta devant

Martin sans que son compagnon qui était à quelque distance, vit ou entendit rien. « Vous allez,
» lui dit-il, être interrogé de plusieurs manières;
» n'ayez ni craintes ni inquiétudes, mais dites les
» choses comme elles sont. »

Martin restait chez le Ministre gardé à vue;
l'inconnu lui apparut et lui dit : « Vous allez avoir
» la visite d'un docteur qui vient voir si vous êtes
» frappé d'imagination, si vous avez perdu la tête;
» mais ceux qui vous l'envoient sont plus fous que
» vous. »

Après la visite du docteur l'inconnu se présente
encore et dit à Martin : « Il faut que vous alliez
» parler au roi; quand vous serez en sa présence,
» je vous inspirerai ce que vous aurez à lui dire :
» je me sers de vous pour abattre l'orgueil et l'in-
» crédulité. Si vous ne parvenez pas à ce but (de
» parler au roi) la France est perdue... On tâche
» d'écarter l'affaire, mais elle se découvrira par
» une autre voie. »

Le dimanche, 10 mars au matin, l'inconnu apparut à Martin et lui parla ainsi : « Je vous avais dit
» que mon nom resterait inconnu; mais puisque
» l'incrédulité est si grande, il faut que je vous dé·
» couvre mon nom : Je suis l'archange Raphaël,
» ange très célèbre auprès de Dieu; j'ai reçu le
» pouvoir de frapper la France de toutes sortes de
» plaies »

Le lendemain, nouvelle apparition. « Ceux qui
» étaient hier avec vous se sont entretenus de vous;
» vous n'entendiez pas leur langage (ils avaient
» parlé anglais); mais ils ont dit que vous veniez
» parler au roi, et l'un a dit à l'autre que quand il
» serait retourné dans son pays, il lui donnât de
» ses nouvelles pour savoir comment la chose se
» serait passée. »

Le même jour, 11 mars, l'ange lui dit: « Au mo-
» ment que vous serez devant le roi, on vous ins-
» pirera ce que vous aurez à lui révéler. Le roi est

» entouré de gens qui le trahissent et on le trahira
» encore. Il s'est sauvé un homme des prisons ; on
» a fait accroire au roi que c'était par finesse et
» par l'effet du hasard ; mais la chose n'était point
» telle : elle a été préméditée ; ceux qui auraient
» dû mettre à sa poursuite ont négligé les moyens ;
» ils y ont mis beaucoup de lenteur et de négli-
» gence ; ils l'ont fait poursuivre quand il n'était
» pas possible de l'atteindre. »

En quittant Martin l'ange lui dit : « Vous allez
» avoir encore aujourd'hui la visite du même doc-
» teur. »

Le mardi, 12 mars, l'ange lui dit : « On ne veut
» pas faire ce que je dis ; plusieurs villes de France
» seront détruites ; il n'en restera pas pierre sur
» pierre ; la France sera en proie à tous les mal-
» heurs ; d'un fléau on tombera dans un autre. »

Nouvelle apparition : « On va, lui dit l'ange,
» prendre des informations de vous dans votre
» pays pour savoir les personnes que vous fré-
» quentez. »

Le docteur Pinel déclare que Martin est atteint
d'une hallucination de sens. L'archange lui apparut et lui dit : « On va vous conduire dans
» une maison où vous allez être détenu et votre
» conducteur s'en retournera seul dans son pays. »
Martin est enfermé à Charenton.

Le 15 mars au matin, l'archange s'offre à ses
yeux et lui dit : « Puisqu'on vous traite de la sorte,
» je ne reviendrai plus vous voir ; qu'on fasse exa-
» miner la chose par des docteurs en théologie, et
» l'on verra si la chose est réelle ou non. Si on ne
» veut rien croire, ce qui est prédit arrivera ; pour
» vous, mettez votre confiance en Dieu, il ne vous
» arrivera aucun mal ni aucune peine. »

Le mardi 26 mars l'archange apparaît et dit :
Mon ami, je vous avais dit que je ne reviendrais
plus vous voir ; je vous assure que j'aurais une
grande douleur si mes démarches étaient inutiles.

» Je vous assure que le plus terrible fléau est prêt
» à tomber sur la France et qu'il est à la porte.
» Les peuples en voyant arriver ces choses seront
» saisis d'étonnement et sècheront de frayeur. Ce
» qui avait été prédit autrefois est arrivé comme
» il avait été annoncé, de même la chose arrivera
» si l'on ne pratique pas ce que j'ordonne. La
» France n'est plus que dans l'irréligion, l'orgueil,
» l'incrédulité, l'impiété, l'impureté et enfin livrée
» à toutes sortes de vices. Si le peuple se prépare
» à la pénitence, ce qui est prédit sera arrêté, mais
» si l'on ne veut rien faire de ce que j'annonce, ce
» qui est prédit arrivera. »

L'ange lui dit avant de disparaître : « Je vous
» donne la paix, n'ayez ni chagrin ni inquiétude. »

L'archange apparut encore trois fois jusqu'au
2 avril, dernier jour du séjour de Martin à Charenton.

ENTRETIEN DE MARTIN AVEC LE ROI

Écrit sous sa Dictée en 1828

Le mardi 2 avril 1816, comme j'étais à dîner à
la maison de santé (Charenton), il vint quelqu'un
de la part du ministre de la police générale, qui
depuis quatre semaines me retenait (à dater de
son départ de Chartres jusqu'à sa sortie de Charenton). Ce monsieur me dit de venir à Paris.

Arrivé à la police, M. Decazes me demanda si je

oulais parler au roi. « Oui, et ma commission ne
sera pas faite avant de parler à lui (même)
comme on m'a ordonné de lui annoncer ce qu'on
m'a dit. — Mais que devez-vous dire au roi. —
Dans ce moment, je ne sais pas ce que je dois lui
dire : les choses me seront annoncées, quand je
serai devant le roi. » Le ministre me dit alors :
Eh bien, vous y serez conduit. Vous verrez un
roi qui est notre père à tous.

Le ministre passa dans une autre chambre met-
re son habit d'ordonnance, et moi j'étais seul dans
cabinet où il m'avait parlé. L'ange m'apparut
us les formes ordinaires et me dit : « Vous allez
parler au roi, qui sera la personne à laquelle on
vous présentera, vous serez seul avec lui, n'ayez
aucune crainte de paraître devant le roi ; pour
ce que vous avez à lui dire, les paroles vous
viendront à la bouche. »

Car, quand je devais aller chez le roi, continue
Martin, je ne savais pas ce que je devais lui dire,
t je ne l'ai su qu'en le lui disant. Et en effet, je
ai point été embarrassé dans tout ce que je lui ai
it depuis le commencement jusqu'à la fin ; et
est la dernière fois qu'il (l'ange) m'a apparu.

Le ministre revint donner une lettre à un homme
t lui dit : « Conduisez cet homme-là au premier
valet de chambre du roi. » On voulait me mener
a voiture, mais moi je dis que cela ne valait pas
a peine, car il n'y avait que la Seine à traverser.
ous arrivâmes aux Tuileries sur les trois heures,
t sans que personne ait dit rien. Nous arrivâmes
usqu'au premier valet de Louis XVIII à qui on
mit la lettre, et qui après l'avoir lue me dit :
Suivez-moi ». Nous nous arrêtâmes quelques
oments, parce que M. Decazes qui était venu au
alais en voiture, était venu avant nous, et il était
ez le roi. Quand le ministre sortit, je suis entré ;
avant que je dise un mot, le roi dit au valet de
ambre de se retirer et de fermer les portes.

Le roi était assis devant sa table en face la porte ;
il y avait des plumes, des papiers et des livres. J'ai
salué le roi, en disant : « Sire, je vous salue ». Le
roi m'a dit : « Bonjour Martin ». Et je me suis
alors dit à moi-même : Il sait donc bien mon nom.
« Vous savez, sire, sûrement pourquoi je viens —
» Oui, je sais que vous avez quelque chose à me
» dire et l'on m'a dit que c'était quelque chose que
» vous ne pouviez dire qu'à moi : asseyez-vous ».
Alors je me suis assis dans un fauteuil qui était
placé vis-à-vis le roi, de manière qu'il n'y avait
que la table entre nous. Alors je lui demandai
comment il se portait ; le roi me dit : « Je me
» porte un peu mieux que ces jours passés ; et
» vous, comment vous portez-vous ? — Moi, je me
» porte bien. — Quel est le sujet de votre voyage ?
— Et je lui ai dit :
« Vous pouvez faire appeler, si vous voulez,
votre frère et ses fils. » Et le roi m'interrompit en
disant : « Cela est inutile, je leur dirai ce que
» vous avez à me dire. » Après cela, je racontai
au roi toutes les apparitions que j'avais eues et
qui sont dans la relation.
Quand je lui parlai de l'homme sauvé de la pri-
son, le roi me dit : « Je le sais bien, c'est Lava-
lette ».
Moi je continuai en lui disant : « Il m'a été dit
» que le roi examine tous ses employés et surtout
» ses ministres. — Ne vous a-t-on pas nommé les
» personnes ? — Non, il m'a été dit qu'il était fa-
» cile au roi de les connaître, mais je ne les con-
» nais pas.
Enfin lui ayant dit toutes les particularités des
apparitions, le roi me dit : « Je sais tout cela :
» l'archevêque de Reims (le grand aumônier) m'a
» tout dit. Mais il me semble que vous avez quel-
» que chose à me dire en particulier et en secret »
Et alors je sentis venir à ma bouche les paroles
que l'ange m'avait promises, et je dis au roi :

« Le secret que j'ai à vous dire, c'est que vous
» occupez une place qui ne vous appartient pas. »
Le roi alors m'interrompit en disant : « Comment,
» comment, mon frère et ses enfants étant morts,
» je suis le légitime héritier. » Et moi alors je lui
dis : « Je ne connais rien à tout cela, mais je sais
» bien que la place ne vous appartient pas, et
» c'est aussi vrai ce que je vous dis, qu'il est vrai
» qu'un jour étant à la chasse avec le roi Louis XVI
» votre frère, dans la forêt de Saint-Hubert, le
» roi étant devant vous, d'une dizaine de pas,
» vous avez eu l'intention de tuer le roi votre
» frère. Louis XVI était monté sur un cheval plus
» grand que le vôtre et venait de passer, vous avez
» été embarrassé par une branche d'arbre qui
» s'est ployée de manière à vous empêcher en pas-
» sant sous l'arbre de commettre ce meurtre, et
» votre frère avait passé sans être embarrassé par
» les branches du même arbre. Vous aviez un fu-
» sil à deux coups, dont l'un était pour votre frère
» le roi, et vous auriez tiré l'autre en l'air, pour
» faire croire qu'on aurait tiré sur vous, et vous
» eussiez accusé quelqu'un de sa suite. Le roi a
» rejoint sa suite et vous n'avez pu réussir dans
» votre projet, mais vous avez conservé ce dessein
» pendant longtemps et vous n'avez jamais eu une
» occasion favorable pour le mettre à exécution. »
C'est à ce récit que le roi frappé d'étonnement et
profondément ému dit : « O mon Dieu ! Cela est
» bien vrai. Il n'y a que Dieu, vous et moi qui sa-
» chions cela, promettez-moi de garder sur toutes
» ces communications le plus grand secret ; » et
moi je le lui promis. Après cela je lui dis : « Pre-
» nez garde de vous faire sacrer, car si vous le
» tentiez, vous seriez frappé de mort dans la céré-
» monie du sacre. » Dans le moment et jusqu'à la
fin de la conversation le roi pleura toujours. Je
continuai alors à lui dire :

« Souvenez-vous de votre détresse dans l'ad-

» versité, du temps de votre exil ; vous avez
» pleuré sur la France ; et il fut un temps où vous
» n'aviez pas d'espoir d'y rentrer, voyant la France
» alliée avec tous ses voisins. »

» — Oui, il a été un temps où je n'avais aucun
» espoir. » — « Dieu n'a pas voulu perdre la famillle
» royale, il a fait rentrer la famille, mais où sont
» les actions de grâces qui ont été rendues pour
» un tel bienfait ? Pour châtier encore une fois la
» France, l'usurpateur a été tiré de son exil. Ce
» n'a pas été par la volonté des hommes, ni par
» un effet du hasard que ces choses ont été permi-
» ses ainsi ; il est rentré sans forces, sans armes,
» vous avez été obligé de quitter la capitale, croyant
» tenir encore une ville de France, et vous avez
» été obligé de l'abandonner... » — « C'est bien
» vrai, je croyais rester à Lille. » — « Quand l'usur-
» pateur est rentré, il s'est formé un gouvernement,
» une armée ; et quand il s'est présenté aux enne-
» mis, du premier coup il a été sans ressources,
» sans asile, sans armes et rejeté de ses sujets.
» Vous êtes encore rentré en France, où sont les
» actions de grâces qui ont été rendues à Dieu
» pour un miracle si éclatant ? » — « C'est vrai, dit
» Louis XVIII, je n'y ai pas pensé. » Je lui dis :
« Le bon Dieu ne vous en a pas donné la pensée
» parce que vous n'avez pas le droit de régner. C'est
» à celui qui a le droit de régner qu'il réserve de
» s'acquitter de cela. »

Je continuai en lui disant : « Il m'a toujours été
» dit que je parviendrais à vous parler et que je
» parviendrais à faire l'affaire qui m'avait été an-
» noncée, et je vois bien qu'il (l'ange) ne m'a pas
» trompé, car je suis avec vous. Il m'a été dit que
» vous ne chancelleriez pas pour croire quand je
» vous dirais les choses. » — « Non je ne puis
» chanceler. puisque c'est la vérité. Ne vous a-t-
» il pas dit comment il fallait que je m'y prisse
» pour gouverner la France ? » Alors je lui répon-

dis : « Descendez du trône et laissez l'affaire à gou-
» verner à qui en a le droit ; envoyez dans les
» provinces des gens de confiance pour préparer
» le règne du prince légitime qui sera aimé, craint
» et respecté de ses sujets. Il m'a été annoncé que
» si vous ne faites pas ce qui vous a été annoncé,
» vous ferez tomber la France dans de nouveaux
» malheurs. »

« Que les rois de France doivent se rappeler
» qu'ils portent le titre de rois très chrétiens,
» quoique je ne sache pas si cela est comme cela :
» qu'ils doivent se rappeler leur devoir et faire
» rentrer le peuple dans la chrétienté. » Alors le
roi en me recommandant surtout de garder le
secret, me dit qu'il me promettait de faire toutes
les recherches possibles pour trouver celui duquel
je lui avais parlé et le mettre à sa place. Moi je
lui répondis : « Il m'a été dit que cela ne vous
» serait pas difficile. » Après cela, m'ayant dit
que l'ange qui m'avait apparu était celui qui
conduisit Tobie le jeune à Ragès et qui le fit ma-
rier, il m'a pris la main en me disant : « Que je
» touche à la main que l'ange a serrée ; priez tou-
» jours pour moi. »

Après que le roi m'avait fait des questions sur
le curé de Gallardon, j'ai répété au roi ce que
je lui avais déjà dit au sujet des dimanches et fêtes
et des désordres ; et je lui ai particulièrement
rappelé le principal objet de ma mission qui était
de rendre sa place à qui de droit, et le roi ma ré-
pondu : « Je ferai en sorte de remédier à tout. »
Enfin, j'ai salué le roi.

Fait à Gallardon, le 9 mars 1828.

Signé : THOMAS MARTIN.